AFFAIRE DE LA SOUSCRIPTION NATIONALE.

DÉFENSE

POUR M. FOULON,

Éditeur des *Lettres Normandes*,

PRONONCÉE LE 30 JANVIER 1821, DEVANT
LA COUR D'ASSISES D'ORLÉANS,

Par M. Lefebvre-Durufflé, d'Elbeuf.

PARIS,

IMPRIMERIE DE FAIN, PLACE DE L'ODÉON.

1821.

DÉFENSE

POUR M. FOULON,

Éditeur des *Lettres Normandes*,

DANS L'AFFAIRE DE LA SOUSCRIPTION NATIONALE,

Par M. Lefebvre-Duruflé, d'Elbeuf.

Messieurs les Jurés,

Admis par l'indulgence de M. le président (1) à l'honneur de parler devant la cour et devant vous, pour l'éditeur responsable des *Lettres Normandes*, je vous dois compte des motifs qui m'ont déterminé à rechercher cette faveur; car ce n'est peut-être pas sans quelque surprise que vous me voyez exercer dans cette enceinte des fonctions ordinairement réservées à une profession à laquelle je n'ai point le bonheur d'appartenir.

Défenseur inattendu dans cette cause , ne croyez pas, Messieurs, que je me sois chargé du ministère sacré qui m'est confié pour quelques instans, dans le désir insensé de mêler un trait de singularité aux débats, ou dans l'orgueilleux espoir de m'en acquitter avec un talent égal à celui des orateurs distingués au rang desquels je suis admis (2). Ce n'est qu'en cédant à la fois aux instances de l'amitié et aux lois de la nécessité, que j'ai accepté cette mission nouvelle pour moi.

Oui , Messieurs, c'est au nom d'une amitié déjà vieille, quoique nous soyons encore jeunes l'un et l'autre , que je viens défendre M. Foulon devant vous ; c'est comme organe d'une maison de commerce (3) qui , j'ose le dire , quoique je sois un de ses membres , s'est acquis dans ses transactions une réputation sans tache , une estime non contestée , que je viens réclamer de votre justice un jeune homme aujourd'hui dégagé de la périlleuse carrière où il s'était lancé , et que cette maison a appelé à concourir à ses utiles et paisibles travaux.

C'est à plus de soixante lieues de cette ville, c'est au fond de l'asile que l'amitié lui avait ouvert, loin des agitations politiques, c'est au sein des ateliers, où il travaillait à réparer par une active industrie le désastre de sa fortune, qu'il a reçu le nouvel appel qui lui était fait de comparaître devant vous (4).

Trop confiant dans la pureté de ses intentions, dans l'innocence de son cœur, il se flattait que cette déplorable affaire, déjà remise, serait peut-être abandonnée, quand la voix de la justice est venue tout à coup le tirer de ce calme trompeur. Pris à l'improviste, obligé d'abandonner sa jeune épouse qui vient d'être mère pour la seconde fois, il s'est rendu en toute hâte devant vous. Et moi, après l'avoir associé à mes travaux, je n'ai pas cru devoir l'abandonner dans ses dangers.

C'est au milieu des fatigues du voyage et dans le désespoir d'arriver à temps pour charger un avocat des intérêts de M. Foulon, que j'ai osé entreprendre moi-même sa défense. Je me suis rassuré par cette pensée, que si la loi ne demande aux jurés qu'une conviction intime pour prononcer sur le sort de l'accusé, une conviction intime de son innocence suffisait aussi pour le défendre devant-elle. Puissé-je ne m'être pas trompé ! Puissé-je faire pénétrer dans votre âme cette conviction qui règne dans la mienne ; conviction d'autant plus profonde qu'elle est le résultat de ces entretiens dans lesquels un ami n'a point de secrets pour son ami !

4

Abordons maintenant la cause.

Je ne vous en retracerai point les faits, Messieurs; les défenseurs, qui m'ont précédé, vous en ont présenté un tableau auquel je n'aurais plus rien à ajouter (5).

Je marche droit aux chefs d'accusation que l'on en a tirés contre M. Foulon.

Dans le premier procès il s'en élevait *deux* contre l'éditeur des *Lettres Normandes*, et contre ses coaccusés.

Celui *d'attaque formelle contre l'autorité constitutionnelle du roi et des chambres.*

Celui de *provocation à la désobéissance aux lois.*

Les éditeurs, vous le savez, Messieurs, ont été renvoyés absous sur le premier chef par la cour d'assisses de Paris.

Le ministère public, adoptant les principes généreux d'une saine jurisprudence, a glissé sur ce premier chef d'accusation, de manière à nous faire espérer que la question qu'il fait naître ne sera reproduite que pour la forme, et que vous laisserez, Messieurs, le bénéfice de la première absolution aux éditeurs (6). D'ailleurs, ce premier chef d'accusation a été réfuté avec autant de force que de raison par les avocats que vous avez entendus avant moi, que je n'y pourrais rien ajouter. Pour moi, à qui l'habitude du barreau et l'étude des lois n'ont point donné cet œil perçant et exercé qui découvre à l'instant la criminalité j'avoue qu'avec quelque soin que j'en aie cherché les traces dans l'écrit inculpé, je n'ai pu les y rencontrer.

Nous n'examinerons donc que cette seule question, à laquelle se réduit réellement aujourd'hui toute la cause :

M. Foulon est-il coupable de *provocation à la désobéissance aux lois*, pour avoir réimprimé dans un journal semi-périodique, dit LES LETTRES NORMANDES, *dont il était éditeur responsable, un article ayant pour titre* SOUSCRIPTION NATIONALE, *publié le 30 mars 1820 dans* LE CONSTITUTIONNEL ?

J'aurai recours à deux moyens principaux pour justifier l'éditeur des *Lettres Normandes* du délit dont il est prévenu.

D'abord, j'ose me flatter d'établir que l'écrit inculpé ne porte en lui-même aucun des caractères que lui impute l'acte d'accusation.

Ensuite, je démontrerai qu'il s'est écoulé entre la première publication de l'article inculpé dans six journaux quotidiens de Paris et la réimpression de ce même article dans les *Lettres Normandes*, par M. Foulon, un délai accompagné de telles circonstances qu'il détruit, sinon *légalement*, au moins *moralement* et *en conscience* ce que cette réimpression aurait pu avoir de répréhensible.

Mais avant de me livrer à la discussion de l'article inculpé en lui-même, souffrez, Messieurs, que je vous soumette quelques idées préliminaires.

Dans les causes criminelles ordinaires, où il ne s'agit que de connaître de faits positifs, un esprit juste, une conscience pure, suffisent aux jurés pour prononcer sans avoir la connaissance des lois. Mais dans les causes qui offrent des questions politiques, où le délit dérive en quelque sorte de l'interprétation de la loi, où il faut chercher dans son texte et dans sa pensée la limite de ce qu'elle permet ou de ce qu'elle défend, j'ose dire qu'il faut quelque chose de plus encore que les inspirations d'un cœur droit, que les conseils d'une saine raison; il faut que les uns et les autres soient éclairés par le flambeau de la loi elle-même, et par les principes fondamentaux du système de gouvernement auxquels cette loi se rattache.

Ainsi, dans la cause actuelle, où il s'agit de juger un acte commis dans les rangs de ce qu'on appelle en gouvernement constitutionnel l'*opposition*, et commis par l'abus réel ou supposé de *la liberté de la presse*, droit politique résultant du même système de gouvernement, vous sentez, Messieurs, que pour apprécier avec justesse et avec justice un acte semblable, vous ne pouvez perdre un instant de vue la nature et les droits de l'*opposition* et de *la liberté de la presse* dans un gouvernement constitutionnel.

Si je me permets cette digression, gardez-vous, Messieurs, de croire que je m'y livre avec la prétention de vous tracer la ligne de vos devoirs. Mais il ne faut pas se le dissimuler, si le système constitutionnel est dans nos lois, il n'est pas encore entièrement dans nos mœurs. Beaucoup de citoyens peu familiarisés avec les principes d'un système nouveau pour la France, ou dégoûtés de ce même système par les sanglans sacrifices qu'il lui a coûtés, ont négligé ou dédaigné de s'en occuper. Étrangers à ses libertés, je dirai même à ses licences, qu'ils ne voient pas sans inquiétude, ils sont portés à regarder comme ennemi du gouvernement tout ce qui ne marche pas avec le gouvernement; ils ont peine à concevoir que l'opposition soit une partie nécessaire et essentielle de toute monarchie constitution-nelle ; leurs yeux ne sauraient reconnaître les nuances qui distinguent sa turbulence de la sédition, son opiniâtreté de la révolte ; et leur esprit ne saurait imaginer que dans ces sortes de gouvernemens, non-seulement l'opposition soit légitime et permise, mais qu'elle soit souvent même récompensée et appelée aux premiers postes de l'état. D'illustres exemples nous l'ont cependant plus d'une fois prouvé chez le peuple qui s'enorgueillit d'avoir fondé en Europe la monarchie constitutionnelle.

Quant à la liberté de la presse, quoique ce soit un droit résultant nécessairement du gouvernement constitutionnel, quelques personnes sont encore à douter si cette liberté a plus d'avantages que d'inconvéniens, plus d'utilité que de dangers; mais il n'en est pas moins vrai que cette liberté existe, et qu'on ne peut décider les questions relatives à ses droits ou à ses abus, que selon les lois qui l'accordaient aux journaux, à l'époque où les délits qu'on leur impute ont été commis.

Ainsi, Messieurs, nous entrerons avec confiance dans la discussion de cette cause, bien convaincus que vous ne perdrez pas de vue ce principe, et qu'en même temps vous reconnaissez qu'il peut exister sans crime, dans une monarchie constitutionnelle, UNE OPPOSITION, et qu'on n'est point ennemi de l'état par cela seul qu'on est dans ses rangs : de même que, dans les cours, ce n'est pas le flatteur qui approuve sans cesse les volontés du prince qui peut se dire son véritable ami.

Voyons maintenant si l'écrit inculpé renferme en lui-même le délit de *provocation à la désobeissance aux lois*, le seul qui nous soit sérieusement opposé.

Ici, Messieurs, je dois réfuter, en passant, une objection faite par M. l'avocat général, qui, en soutenant que le fait de la souscription en lui-même était attentatoire à la loi, a prétendu qu'on ne pouvait citer aucun exemple de souscriptions de bienfaisance qui fussent contraires à une loi. D'abord je ferai observer que, quand même nous ne répondrions pas à cet appel, cela ne ferait rien dans la cause, parce qu'il ne s'agit pas d'un acte de bienfaisance attentatoire à la loi, mais au contraire d'un acte de bienfaisance reconnu par décision de la cour suprême, par une chambre d'accusation et par cinq jurys, pour n'y être nullement attentatoire. Mais enfin j'accepte le défi; et si l'on veut juger l'acte de la souscription sur des exemples, je me permettrai de demander à M. l'avocat général si le respect dû à la chose jugée n'est pas aussi sacré que celui dû à la loi; et, après qu'il aura reconnu ce principe, je lui demanderai s'il n'existe pas des associations pour l'amélioration des prisons; et, ce qui est plus fort encore, si l'on n'a pas déjà formé des souscriptions pour payer des amendes prononcées par jugement. Cependant nous ne voyons pas que l'on en ait jusqu'à présent poursuivi les membres ou accusé les auteurs. Dans le premier cas pourtant, on amortit l'effet de la loi; et dans le second, on y soustrait entièrement le condamné. On a dit que la souscription était une sorte d'assurance pour le crime : en employant le même mode de raisonnement, je dirai que les associations pour l'amélioration des prisons lui offrent un attrait et une récompense; car, par suite de ces améliorations, une foule de misérables sont incontestablement mieux nourris, mieux chauffés, mieux vêtus, mieux soignés dans leurs maladies qu'ils ne le seraient chez eux.

Mais revenons à l'examen de l'écrit inculpé, et voyons s'il nous présentera le caractère de *provocation à la désobéissance aux lois.* Vous avez déjà pressenti, Messieurs, combien ce reproche devient facile à réfuter, depuis qu'il a été établi que l'acte de la souscription en lui-même n'a rien de répréhensible. Je sais que c'est un point que l'on conteste, quoiqu'il résulte, au moins en doctrine, et de l'arrêt même de la cour d'assises de Paris, qui a acquitté les auteurs du prospectus du 31 mars, annonçant littéralement cette même souscrip-

tion, et de quatre ou cinq décisions de jurys,
qui ont acquitté des éditeurs de journaux qui
avaient imprimé l'article même qui vous est
soumis; et enfin d'un arrêt de la cour de cassation, qui a rejeté le pourvoi que le procureur général près la cour royale de Lyon
avait interjeté contre la décision de la chambre d'accusation, laquelle avait déclaré qu'il
n'y avait pas lieu à poursuivre pour ce même
article.

Il ne m'appartient pas, Messieurs, de donner
mon avis sur l'importance que ces différentes
autorités doivent avoir dans la cause; mais je
vous soumettrai celui d'un magistrat, membre
de la cour même de cassation. Je tire cette
citation de la défense que M^e. Berville a fait
imprimer pour l'éditeur du *Constitutionnel*, et
que l'on vient de distribuer à cette audience.
Voici comment il établit que la cour suprême
a positivement reconnu que le fait même de
la souscription ne pouvait constituer un délit :
« En effet, dit-il, s'il y avait un *délit* dans le *fait*
» de la proposition de souscrire, ni la cour
» royale, ni la cour de cassation n'auraient
» jugé ni pu juger que les poursuites com-
» mencées n'auraient pas dû être continuées,
» puisqu'il y aurait un délit dans le cas où la
» proposition d'une souscription , indépen-

» damment de toute autre circonstance, aurait
» dû être considérée comme attentatoire à
» l'autorité constitutionnelle du roi et des
» chambres, et comme une provocation à la
» désobéissance aux lois : *ce genre de délit ne*
» *peut dès lors résulter* (veuillez bien, MM. les
» Jurés, recueillir ces paroles), *ne peut dès*
» *lors résulter que* DES TERMES DANS LESQUELS LA
» PROPOSITION A ÉTÉ FAITE. Renferment-ils une
» provocation à la désobéissance aux lois, une
» attaque formelle à l'autorité constitution-
» nelle du roi et des chambres? il y a lieu à
» poursuite et à condamnation; et au con-
» traire, les auteurs ne peuvent être ni pour-
» suivis ni condamnés, si la proposition ne
» renferme ni attaque ni provocation : c'est
» à cet unique examen que tout se réduit; la
» cour l'a FORMELLEMENT AINSI JUGÉ, en décla-
» rant qu'ayant été reconnu par la chambre
» d'accusation que la *proposition de souscrire*
» ne renfermait point d'attaques, etc., etc....
» *le renvoi des inculpés n'avait pas été pro-*
» *noncé en violation de la loi du* 17 *mai* 1819. »

En voilà, je crois, Messieurs, plus qu'il n'en
faut pour prouver jusqu'à l'évidence que le fait
de la souscription en lui-même est non coupable, non contraire aux lois.

Or, que soutient-on dans le système de l'ac-

cusation? on soutient que le prospectus du
3o mars provoque à la désobéissance aux lois;
je le relis, et je vois, Messieurs, qu'il provoque uniquement ses lecteurs à devenir membres de la *souscription nationale*.

Si la souscription était contraire aux lois,
l'écrit serait à bon droit inculpé de provocation
à leur désobéissance ; mais *il est établi en droit
et en fait que la souscription n'a rien de coupable
en elle-même; donc l'écrit du 3o mars, dont
l'unique but, dont toutes les expressions tendent
à provoquer à cette souscription, ne peut être
taxé de criminalité.*

Je sais que l'on prétend que ce sont les
termes dans lesquels on provoque à cette
souscription, non coupable, qui provoquent en
même temps à la désobéissance aux lois; mais
je vous avoue, Messieurs, que c'est une chose
qui passe mon intelligence que cette vertu
énigmatique et cette double signification des
paroles de l'écrit du 3o mars.

Que l'on dise que cet écrit du 3o mars offre
dans quelques-uns de ses paragraphes une
exagération déclamatoire, une virulence peut-
être blâmable, j'en conviens ; mais quand cette
exagération et cette virulence seraient encore
plus outrées, je ne pourrai jamais concevoir
qu'un écrit qui provoque uniquement à prendre

part à une souscription non coupable aux yeux des lois, provoque à désobéir à ces mêmes lois.

Après cet argument qui, si je ne m'abuse, me paraît victorieux et décisif dans la cause, voyons, Messieurs, de quoi se compose cet article du 30 mars sur la souscription nationale (7). De trois parties distinctes, la première renferme deux paragraphes qui servent de préliminaire au prospectus et qui indiquent quels motifs ont décidé la souscription.

La seconde renferme l'énumération de tous les avantages accordés ordinairement aux accusés et refusés aux suspects que la loi nouvelle atteindra.

Enfin, la troisième partie renferme les conditions pures et simples de la souscription et son mode d'administration.

Eh bien ! soit que je cherche dans l'ensemble de cet écrit la provocation à la désobéissance aux lois, soit que je la cherche dans chacune de ses trois parties séparées, j'avoue que je ne la rencontre nulle part.

Il y a plus, et quoique cette idée puisse peut-être vous paraître paradoxale au premier coup d'œil, il en résulte pour moi la preuve la plus évidente que les auteurs de la souscription et de l'article inculpé étaient convaincus que la loi serait mise à exécution. En effet, il y aurait eu contradiction et absurdité à demander à la fois des secours pour ceux qu'elle atteindrait, et à provoquer à sa désobéissance; car alors on eût répondu : Nous n'accorderons point de secours , puisqu'on désobéira à la loi , elle n'atteindra pas de victimes.

Si on eût voulu provoquer à désobéir à la loi on eût dit : « Une loi faisant exception aux rè- » gles ordinaires de la justice humaine a été » rendue ; Citoyens , vous rentrez dans les » droits de la nature ; unissez - vous par tous » les moyens possibles pour vous y soustraire » et pour y soustraire vos compatriotes. »

Mais loin de tenir un pareil langage , on a dit au contraire : « Une loi a été rendue, qui » met ceux qu'elle frappe hors du droit ordi- » naire des nations. Cette loi peut devenir, » dans les mains des agens supérieurs ou su- » balternes de l'autorité , un instrument d'ar- » bitraire; vous pouvez en être victimes préci- » sément parce que vous ne savez pas ce que » c'est que de résister à la loi. Unissez - vous » pour porter à ceux qui pourraient être in- » justement atteints par elle , les secours peu » nombreux dont cette loi ne les a pas pri- » vés. »

Voilà , Messieurs, à quoi peut se réduire le

protocole, les phrases préliminaires de l'article sur la Souscription nationale.

Que l'on dise qu'elles sont loin d'avoir la modération de mon interprétation, je ne le nie pas ; mais en même temps on ne saurait y découvrir, avec bonne foi, le caractère de provocation à la désobéissance aux lois qu'on leur impute.

Puisqu'il s'agit de discuter ici sur les termes, et de prouver jusqu'où leur véhémence peut s'élever sans blesser les lois, que diriez-vous, Messieurs, si l'on vous signalait un écrit où, au lieu de ces mots :

« L'arbitraire, revêtu de la forme de loi, ne » prescrit point contre les lois éternelles que » Dieu a gravées dans tous les cœurs. »

On vous dénonçait un écrit où se trouveraient ces paroles :

» Il y a des lois, dans les empires, contre les- » quelles tout ce qui se fait est nul de droit, et » il y a toujours ouverture à revenir contre, » dans d'autres occasions ou dans d'autres temps. » Il est écrit qu'en les violant on ébranle tous » les fondemens de la terre, après quoi il ne » reste plus que la chute des empires.

Ne trouveriez-vous pas ces dernières pensées bien autrement hardies, bien autrement audacieuses que celles de l'écrit inculpé ?

Que diriez-vous encore, si au lieu de ces mots que je lis dans l'écrit du 31 mars :

« Les droits les plus légitimes, les plus sa-
» crés, les plus inhérens à la nature ; les droits
» qui ont précédé toutes les sociétés qui prési-
» dent à leur existence et qui ne peuvent ja-
» mais être ni abolis, ni suspendus , sont ceux
» de la justice et de l'humanité. »

Que diriez-vous si au lieu d'avoir à prononcer sur la culpabilité de ces mots, on soumet-
tait à votre jugement ceux que je vais vous
lire :

« Il existe une loi conforme à la nature,
» éternelle, immuable, répandue dans toutes
» les âmes ; il n'est permis de rien ordonner
» de contraire à cette loi, ni d'en rien retran-
» cher ; on ne peut l'abolir ; ni le sénat, ni le
» peuple, n'ont le pouvoir d'en dispenser ; elle
» n'a besoin ni d'explication ni d'interprète,
» elle n'est point autre à Rome, autre à Athè-
» nes, autre aujourd'hui, autre demain (8).»

Ne vous semblerait-il pas, Messieurs, que ce paragraphe n'est que le développement et la paraphrase de l'article inculpé ?...

Eh bien, Messieurs, la première citation est extraite textuellement du Traité de la politique, tirée des paroles de l'Écriture-Sainte par Bos-suet ; et la seconde se trouve dans les œuvres de Cicéron. Cependant nous ne voyons pas que l'évêque de Meaux ait comparu devant le parlement, ou que Cicéron ait été repris par les Censeurs, ou cité devant le peuple pour la force de ces pensées et la véhémence de ces expressions.

La définition de Cicéron est pourtant celle de la *droite raison*, *recta ratio*, qui ne diffère guère de l'*éternelle raison* contre laquelle M. l'avocat général s'est élevé avec tant de force.

Ah! Messsieurs, n'assimilons point des mots acerbes à des mots séditieux, des phrases outrées à des phrases coupables.

Au fond, qu'a-t-on fait dans l'article inculpé? On a reproché l'arbitraire à la loi du 26 mars. Eh! Messieurs, vous pouvez vous souvenir encore qu'un des ministres en la soutenant l'avait réclamé cet *arbitraire*, *un arbitraire de confiance*. Est-ce un crime d'avoir répété ses paroles?

On se récrie sur ce qu'elle viole les règles ordinaires de la justice ; mais les ministres ne l'avaient point dissimulé. Sans cela, d'ailleurs, serait-elle une loi d'exception?

On fait un appel aux devoirs que la nature impose pour adoucir les rigueurs que l'ordre social exige ; mais on ne propose de les adoucir que par des moyens permis.

En effet, parle-t-on d'introduire auprès du détenu un conseil pour le défendre, un ami pour le consoler, un ministre de la religion pour écouter son repentir, s'il se trouvait coupable? Non, Messieurs. *Le conseil central d'administration*, dit le Prospectus du 30 mars, *sera chargé de suivre auprès des ministres les réclamations en faveur des prévenus.* Ainsi, Messieurs, tout le but de cette souscription est d'implorer les ministres, et je ne vois nulle part dans la loi que les ministres aient défendu qu'on les implorât.

Je vous prie, Messieurs, de bien remarquer cette disposition du Prospectus, parce qu'elle répond d'une manière victorieuse à une objection de M. l'avocat général, qui a prétendu que les souscripteurs, en secourant les personnes arrêtées en vertu de la loi du 26 mars, s'exposaient à soudoyer des LOUVEL, de ces monstres dont on semblerait vouloir peupler la France, quoique pour l'honneur de l'humanité ils n'apparaissent qu'à des siècles de distance. Mais, Messieurs, dès que l'on *suivra auprès des ministres les réclamations en faveur des prévenus*, ne sera-t-on pas éclairé par eux sur le sort des détenus qui seraient indignes de toute pitié?

Non, Messieurs, ce n'est point en faveur des Louvel que la souscription a été faite (M. l'avocat général a lui-même reculé devant l'odieux de cette supposition); mais elle a été faite contre les mystérieuses mesures de la loi du 26 mars, qui permettaient à trois ministres d'en appliquer les rigueurs à tous les citoyens sans exception. Cette loi pouvait devenir dans leurs mains une arme à deux tranchans; la souscription a émoussé l'un sans rien enlever à l'autre de sa force.

N'étaient-elles pas bien faites pour inquiéter ces mesures mystérieuses? car pourquoi dérober les monstres contre lesquels on réclamait une loi à l'éclat d'une procédure? il faut au contraire les livrer de suite à la vengeance des lois et à l'indignation publique. On a dit qu'on les stimulait par l'appât du gain? Mais, Messieurs, le résultat des complots et des machinations contre la famille royale est toujours la peine capitale. Comment peut-on donc raisonnablement supposer que l'on salarie de pareils forfaits! Ceux qui seraient capables de se laisser séduire par cet effroyable attrait, ne jouiraient pas même du prix de leurs attentats! Non, Messieurs, on ne trouve point d'hommes qui vendent si facilement leurs têtes.

Passons Messieurs, à la seconde partie de l'écrit, à celle qui contient l'énumération des secours et des consolations accordés aux accusés par les lois ordinaires et que la loi nouvelle refuse aux suspects qu'elle atteindra.

Pourrez-vous y voir davantage le caractère de criminalité imputé par l'acte d'accusation, et en serions-nous arrivés à ce point que ce serait provoquer à la désobéissance aux lois que d'en énumérer les dispositions, d'en signaler les conséquences et d'en définir les effets? D'ailleurs les dix articles qui composent cette énumération n'avaient-ils pas été tour à tour l'objet d'amendemens et de sous-amendemens, repoussés après la discussion la plus vive et la plus solennelle? Qu'y-a-t-il eu donc de coupable à répéter ce que les débats des chambres avaient appris à toute la France?

Quant à la troisième partie de l'écrit du 30 mars, renfermant les conditions pures et simples de la souscription et son mode d'administration, elle n'a plus besoin aujourd'hui d'être justifiée; depuis que l'arrêt de la cour de cassation a proclamé la non-culpabilité du but et des moyens de cette souscription, depuis que l'arrêt de la cour d'assises de Paris a renvoyé absous les auteurs de l'écrit du 31 mars qui répétait littéralement ces mêmes conditions et indiquait exactement le même mode d'administration.

Voilà donc, Messieurs, cet écrit du 30 mars, démembré, analysé, réduit à sa plus simple expression. Eh bien! s'y trouve-t-il rien qui caractérise le délit de provocation à la désobéissance aux lois? Y est-il question d'autre chose que de la souscription? Chaque mot, chaque phrase tendent à déterminer les citoyens à prendre part à cette souscription ; mais, vous le savez, cette souscription est non coupable aux yeux des lois, donc, encore une fois, l'article n'a pu provoquer à désobeir à ces mêmes lois.

Il ne m'appartient pas, Messieurs, d'entrer dans une discussion de jurisprudence, relativement aux lois qui régissent la liberté de la presse, au droit plus ou moins étendu de critiquer les actes du gouvernement, de provoquer des changemens, des modifications, des adoucissemens aux lois existantes (9) ; cette discussion, d'ailleurs, a été approfondie par les habiles avocats qui ont parlé avant moi, et sera épuisée par celui qu'il vous reste encore à entendre ; mais je ne puis m'empêcher de rappeler à votre attention un passage de la défense imprimée de l'éditeur du *Constitutionnel*. On y prouve, et avec une grande force de logique, jusqu'où la liberté de la presse peut légalement s'étendre. On confirme le texte des lois par les discours des ministres qui les soutenaient ces lois, et par ceux des rapporteurs des chambres, dans lesquels on doit nécessairement chercher la pensée du législateur. Parmi ces citations, je ne sais, Messieurs, si vous avez remarqué, comme moi, cette déclaration formelle du rapporteur de la loi sur la liberté de la presse. *Le gouvernement*, dit-il, *sera harcelé ; on pourra travestir ses plans, dénaturer ses intentions.* Vous croyez peut-être qu'il va ajouter : *Mais la loi, que nous avons l'honneur de vous proposer, a pour but de réprimer cette licence ?* Non, Messieurs, il a reconnu un peu plus haut que cette liberté était inséparable de *quelque licence*, aussi il ajoute simplement : *Sa justification* (du gouvernement) *sera dans ses actes.*

Ainsi, Messieurs, point de poursuites, point de procès; c'est par ses actes, promet-on aux éditeurs, que le gouvernement répondra seulement s'il est *harcelé*, si *on dénature ses plans*, si *on travestit ses intentions*. Et certes, l'article du 30 mars ne va pas jusque-là.

Cette petite guerre de l'opposition et du gouvernement, qui pourrait bien être alarmante dans une monarchie absolue, est prévue ici sans effroi. On la regarde comme un signe de vie dans un gouvernement constitutionnel, et les organes de l'autorité eux-mêmes apprennent à ceux qui seraient tentés de l'entreprendre, qu'ils pourront le *harceler* sans craindre d'être faits prisonniers. C'est sur la foi des traités qu'on s'est mis en campagne. C'est d'après les lois de la guerre que vous devez juger les éditeurs.

Mais j'abandonne cette discussion législative qui n'est pas tout-à-fait de ma compétence, et cherchant plutôt à vous convaincre, Messieurs, par des faits et par des exemples, je choisirai dans les pièces même du procès un terme de comparaison qui, rapproché de la pièce inculpée, puisse vous servir à juger si l'article du 30 mars passe réellement les bornes de la liberté de la presse. Cette pièce de comparaison c'est l'écrit du 31 mars.

J'ai eu l'honneur de vous dire, Messieurs, que l'arrêt de la cour d'assises de Paris avait acquitté les auteurs de l'écrit du 31 mars, écrit sur lequel pesait dans le premier procès les mêmes chefs d'accusation que sur celui du 30 qui vous est aujourd'hui soumis, écrit qui tendait au même but, et qui renfermait littéralement les mêmes dispositions de souscription que celui du 30. Ne vous étonnez pas, Messieurs, si je cherche à fixer votre attention sur cette particularité? C'est que pour moi j'avoue, qu'après un examen consciencieux de celui du 30 mars aujourd'hui inculpé, et de celui du 31 dont les auteurs ont été absous, je suis encore à saisir la nuance imperceptible qui distingue l'un de l'autre. Je vois dans l'un et l'autre le même fond de pensées, et même, si la rédaction de l'écrit acquitté semble, au premier coup d'œil, plus modérée, il est facile de se convaincre par un examen plus réfléchi que l'article du 31, dont les auteurs ont été acquittés, était fait pour agir avec plus de force sur l'esprit public que celui du 30, dont on impute à crime la publication aux éditeurs.

Permettez, Messieurs, que nous en fassions la comparaison :

Dans l'écrit du 30, je vois :

« L'arbitraire, revêtu de la forme de loi, ne pres-
»crit point contre les lois éternelles que Dieu a gravées
»dans tous les cœurs. Les droits les plus légitimes, les
»plus sacrés, les plus inhérens à la nature, les droits
»qui ont précédé toutes les sociétés qui président à leur
»existence et qui ne peuvent jamais être abolis ni suspen-
»dus, sont ceux de la justice et de l'humanité. »

Et dans l'écrit du 31, dont les auteurs ont été absous, on lit :

Une loi d'exception a mis la personne de tous les Français à la discrétion de trois ministres. Il est impossible que pour l'application de cette loi, et surtout dans les départemens, ces ministres ne s'en reposent sur des

subalternes; les citoyens sont donc inévitablement exposés aux effets des haines particulières, du zèle excessif
et peu éclairé, et de dénonciations mensongères ou précipitées. Ces inconvéniens sont inséparables de toute législation arbitraire.

Eh bien, Messieurs, je vous le demande,
lequel de ces deux fragmens est le plus propre
à agir sur l'esprit de la classe commune des
lecteurs ?

Dans l'article inculpé je vois des phrases ab-
straites, une espèce de dissertation philosophi-
que que tout le monde ne peut pas compren-
dre à la première lecture, et surtout cette
classe de lecteurs pour qui on trouve que
l'intelligence de semblables matières est le plus
à craindre.

Mais dans l'article acquitté, je vois un langage clair, précis; les faits sont nettement
exprimés.

Un homme peu éclairé n'aura pas grande
peur d'être arrêté, si on lui dit qu'il le sera en
vertu de *l'arbitraire revêtu de la forme de
loi;* mais il saura très-bien de quoi il s'agit
quand on lui dira que *sa personne est à la discrétion de trois ministres.*

Je pourrais continuer phrase par phrase le
parallèle des deux articles et vous verriez par-
tout la même différence (10). L'article inculpé

est peut-être plus fort de mots, mais l'autre est
plus fort de choses ; l'un est de pure théorie,
l'autre nous montre cette théorie en pratique ;
le premier est déclamatoire, le second est
positif ; l'article du 3o n'est qu'à la portée de
quelques-uns, l'article du 31 est à la portée de
tous.

On fera peut-être une objection contre la
conséquence que je voudrais vous faire tirer,
Messieurs, de ce parallèle, et l'on prétendra
que j'argumente pour les éditeurs, à peu près
comme un homme qui dirait : « Messieurs, j'ai
» commis un crime, mais on a acquitté tout
» récemment un individu qui en a commis un
» plus grave que moi, donc vous devez m'ac-
» quitter. »

Vous sentez, Messieurs, que cet argument
n'est point applicable dans la cause. Ici le délit
qu'on impute aux éditeurs leur était commun
dans les premiers débats avec les auteurs de
l'article acquitté, et ils vous disent : « Nous
» étions co-accusés avec les auteurs de l'écrit
» du 31 mars, dont le but était le même que
» celui du 3o mars, qu'on nous reproche au-
» jourd'hui. Les premiers jurés ont pensé que
» les termes dans lesquels le prétendu délit avait
» été commis par eux, étaient moins graves
» que les termes dans lesquels était conçu

» l'article que nous avons publié. Eh bien, Mes-
» sieurs, continuent les éditeurs , nous plaçons
» ces termes les uns à côté des autres, nous les
» comparons, nous prouvons au contraire que
» ce sont les expressions de l'article du 3o qui
» sont les moins graves , et nous deman-
» dons de votre justice à n'être pas traités
» avec plus de rigueur que nos co-accusés. »

Ah! j'en suis convaincu , cette demande ne
sera point repoussée. Il y a dans les cœurs généreux, et par conséquent dans les vôtres, un
sentiment qui nous fait voir avec répugnance
entre des hommes dont les actes ont été com-
muns, une disproportion de sort , une inégalité
de condition; surtout quand la portion rigou-
reuse du partage semble peser plus particulièrement sur la tête du faible. Car, il faut bien
le dire, dans cette affaire, l'état major s'est
sauvé, et les accusés qui paraissent aujourd'hui
devant vous, ont eu à peu près le sort de sen-
tinelles perdues. Le méritaient-ils ? Pour n'a-
voir pas des noms aussi fameux que ceux qui
étaient attachés à l'écrit du 31 mars, ceux qu'ils
portent ne sont pas moins irréprochables.

Mais nous ne supposerons pas que dans l'enceinte de la justice , que devant la loi où tous
les citoyens sont égaux, des noms quelque cé-
lèbres qu'ils soient, aient pu exercer quelque

influence. Il est plus vraisemblable de croire que lors des premiers débats, les intérêts des modestes éditeurs ont été, je ne dirai pas froissés, mais un peu éclipsés par ceux des hommes distingués, qui paraissaient en première ligne dans la cause; il est plus probable de penser que présentée au second rang, leur défense a peut-être perdu quelque chose de sa force et de son étendue par l'importance de celle des autres prévenus. Il est des éditeurs qui n'ont pas même eu de défense, et M. Foulon est de ce nombre.

Plus heureux devant vous, il a le double avantage que sa cause se présente à vos yeux dans un état d'isolement qui vous permet mieux d'en embrasser l'ensemble et d'en saisir les détails, et que sa défense sera aussi complète que mes faibles moyens me le permettront. Oui, Messieurs, j'ai le consolant espoir qu'en connaissant entièrement sa cause vous serez convaincus de son innocence.

Passons au second moyen dont je vous ai annoncé que j'appuierais sa défense.

J'ai dit que je justifierais M. Foulon, sinon légalement, au moins moralement et dans vos consciences, par le délai qui s'est écoulé entre la première publication de l'écrit du 30 mars dans les journaux quotidiens de Paris, et la réimpression qui en a été faite dans les *Lettres Normandes*, réimpression précédée et accompagnée des circonstances les plus atténuantes en faveur de l'accusé.

Mais avant tout je préviendrai deux objections qui pourraient être faites contre ce moyen de défense et affaiblir sa puissance dans vos esprits.

La *première* c'est que la loi n'a point égard au délai dans lequel la réimpression est faite ;

La *seconde* est dans la brièveté même de ce délai qui n'a été que de trois ou quatre jours.

J'espère, Messieurs, qu'on ne m'accusera pas de glisser légèrement sur les objections ; permettez-moi de les combattre avec la même franchise que je les expose.

Quant à la première objection que la loi *n'a point égard au délai dans lequel la réimpression est faite*, je vous répéterai ce que j'ai eu l'honneur de vous dire en énonçant ce moyen même de défense. Ce n'est point légalement que je prétends maintenant justifier M. Foulon, car je crois qu'il l'a été jusqu'à l'évidence dans la première partie de sa défense ; mais c'est moralement. Je vous ai prouvé son bon droit, je veux vous faire descendre dans sa conscience. Je le sais, ce n'est point devant la loi que ce délai milite en sa faveur; mais il prouve l'innocence et la pureté de ses intentions.

D'ailleurs, Messieurs, peut-on sérieusement, lorsqu'il s'agit de nouvelles de journaux, que vingt-quatre-heures vieillissent, demander que les éditeurs, qui veulent les répéter, soient tenus d'attendre la prescription ordinaire, c'est-à-dire, l'espace d'un an pour les réimprimer avec sécurité.

Pour ce qui est de la seconde objection, relative à la briéveté du délai, je me flatte de vous démontrer que cet étroit espace de temps a été plus que suffisant à l'éditeur pour acquérir la conviction morale que l'écrit du 30 mars pouvait être réputé irréprochable aux yeux de l'autorité et des lois.

Oui, Messieurs, dans le for de ma conscience, ce délai entre la première publication de l'écrit du 30 mars et sa réimpression dans les *Lettres Normandes*, est une circonstance tellement atténuante, que, quand même, (ce que je suis certes bien loin d'admettre), il y aurait eu délit de la part des éditeurs de journaux quotidiens, il n'y en aurait pas eu moralement de la part de M. Foulon.

Pour porter dans vos esprits la conviction qui pénètre le mien à cet égard, permettez-moi, Messieurs, d'entrer dans quelques détails sur les formalités qui accompagnent la publication des journaux et sur les usages qui sont généralement suivis dans les poursuites exercées contre les journalistes.

Le mal occasioné par la licence de la presse, s'accroît, vous le sentez, Messieurs, à proportion que l'écrit imprimé acquiert une publicité plus prompte et plus étendue ; et à cet égard il n'est aucune espèce d'écrits qui puisse le propager avec plus de rapidité que les journaux. Le gouvernement l'a si bien senti qu'il a réclamé contre eux des moyens de répression aussi rapides que le sont ceux de leur publication. Pour cela des mesures efficaces ont été prises.

Au moment de la publication à Paris de chaque journal, un exemplaire de cette feuille, signé de la main de l'éditeur responsable, est envoyé par lui à la préfecture de police, tandis que cinq exemplaires sont également envoyés par l'imprimeur du journal au ministère de la police, qui est chargé d'en faire parvenir un au parquet de M. le procureur du roi. Ainsi l'autorité reçoit un triple avis à la publication de chaque journal, et chaque journal se trouve, à son apparition, simultanément soumis à une triple censure, à une triple surveillance, chargée, si elle rencontre dans les

feuilles qu'elle doit examiner, quelques articles répréhensibles aux yeux de l'autorité ou de
la loi, de déployer à l'instant même tous les
moyens de répression de l'une et toutes les rigueurs de l'autre, pour arrêter le mal à sa
naissance.

On saisit le journal dans les ateliers même
du journaliste; on le saisit à la poste, pour que
sa publication n'ait pas lieu dans les départemens. Et vous pouvez le savoir, Messieurs, par
votre propre expérience, car il n'est pas que
plusieurs d'entre vous n'aient été quelquefois
privés, par suite de ces mesures, du journal
qu'ils attendaient.

On veut, par la rapidité de ces poursuites,
neutraliser le poison dans sa source. On sent
tout ce qu'il y a de péril, en pareil cas, dans
le moindre retard. On donne de l'éclat et de
la célérité à la procédure, pour prémunir à
l'instant l'esprit public contre les insinuations
perfides ou les principes dangereux qui ont
pu lui être présentés.

Eh bien, Messieurs, a-t-on rien fait de semblable contre les six journaux qui avaient les
premiers publié l'article? Non, Messieurs. Cependant s'il était si dangereux cet écrit, si le
délit était si palpable, c'était bien le cas de développer des mesures actives; mais M. le pro-

cureur général a gardé le plus profond silence, et c'est après plusieurs jours de ce silence inusité contre des écrits évidemment coupables, que M. Foulon a pensé que celui du 30 mars ne l'était pas, que l'autorité ne le trouvait pas tel, et qu'il pouvait sans danger le répéter dans sa feuille.

D'ailleurs il avait encore un autre motif de sécurité. Il croyait que l'article avait été rédigé par des députés eux-mêmes, par le comité de la souscription dont les noms des membres se trouvaient cités dans le corps même du *prospectus* du 30 mars.

Et en effet la notoriété publique leur attribuait ce prospectus. C'est de cette notoriété que tous les journalistes ont été victimes, quoique tout en prouve l'existence dans la cause. En effet, Messieurs, que nous apprend la déposition de M. Noël sur l'origine de cet article du 30 mars? Écoutons-le parler. Il dit :

La loi relative à la liberté individuelle, adoptée par la Chambre des pairs le 25 mars dernier, fut publiée dès le lendemain, avec la sanction royale. Ce même jour 26, un journal (*le Courrier français*) annonça le premier qu'il s'était formé à Nantes, entre les jeunes gens de cette ville, une sorte d'assurance mutuelle pour garantir des secours et des indemnités aux citoyens qui pourraient être atteints par cette loi. Le ***Constitutionnel*** répéta, le 27 cette nouvelle, et parla d'une souscription volontaire qui allait également s'ouvrir à Paris, à la tête de laquelle devaient figurer plusieurs honorables membres de la Chambre des députés. Chargé de vérifier le fait pour le *Constitutionnel*, auquel je suis attaché, je me rendis le 28 à la Chambre, où j'appris qu'en effet un grand nombre de députés s'étaient réunis pour participer à cet acte de bienfaisance. Il me fut remis, de leur part, un paquet cacheté, pour le *Constitutionnel*, que je portai de suite au bureau du journal. Je sus alors que ce paquet contenait un écrit relatif à la souscription ; il était revêtu de la signature de plus de cinquante députés, dont j'ai vu les noms. Dans la journée du 29, un article en forme de *prospectus* fut envoyé au même journal, j'ignore par qui ; mais je suis convaincu qu'il avait l'attache et l'assentiment des députés signataires de l'écrit de la veille. C'est celui qui a paru dans le *Constitutionnel* du 30 mars.

Eh bien, Messieurs, ne résulte-t-il pas évidemment de cette déposition que ce n'est qu'à l'abri de l'autorité respectable de cinquante députés que l'article du 30 mars a été accueilli avec tant de confiance par les journalistes ? La procédure, qui s'est arrêtée sur le seuil de la chambre des députés, n'a point permis d'avoir de documens plus positifs à cet égard, et il en est résulté pour les éditeurs de journaux l'impossibilité de pousser leur justification jusqu'à l'évidence ; mais il suffira pour eux que la déposition de M. Noël laisse cette conviction dans vos esprits, que les journalistes regardaient sincèrement et de bonne foi l'écrit du 30 mars, comme émané de plusieurs députés et comme l'expression de leurs pensées.

Je sais que ceux des membres du comité de la *Souscription nationale* qui ont été mis en cause, se sont défendus, lors des premiers débats, de la part qu'on leur attribuait dans sa rédaction, et j'en crois leur déclaration solennelle; mais il n'en est pas moins constant, malgré leur dénégation, malgré même l'arrêt qui les absout de toute complicité à cet égard, que cet écrit du 30 mars leur a été attribué par la voix publique, ainsi qu'aux députés non mis en cause. Il n'en est pas moins constant que c'est dans la confiance que l'autorité de leurs noms inspirait aux journalistes que ceux-ci ont accueilli cet écrit; il n'en est pas moins constant que la chambre des mises en accusation, réunie à celle des appels de police correctionnelle, a trouvé des présomptions suffisantes de leur participation à cet écrit pour motiver une accusation de complicité; il n'en est pas moins constant que particulièrement M. Foulon a pu et a dû, plus qu'aucun autre éditeur, avoir la conviction que cet écrit, qui leur était attribué, était bien leur ouvrage, était bien l'expression de leurs pensées; puisque dans les trois jours qui en suivirent la publication, aucune réclamation de leur part ne s'était élevée contre un prospectus où leurs noms étaient cités.

Ainsi, pour me résumer, je dis :

Que l'absence durant plusieurs jours de poursuites juridiques qui, en pareil cas, frappent l'écrit coupable avec la rapidité de la foudre, et que la garantie morale que présentaient les députés et les autres membres du comité de la souscription, à qui la notoriété publique, les renseignemens particuliers et les conséquences nécessaires des choses attribuaient l'écrit du 30 mars, ont dû porter dans l'esprit de M. Foulon la plus intime conviction que l'article qu'il a réimprimé dans les *Lettres Normandes* était loin d'être répréhensible aux yeux de la loi et de porter aucun germe de criminalité.

Mais n'y a-t-il pas aussi des moyens d'atténuation bien valables dans l'objet même qui servait de base à cet écrit du 30 mars ? En effet, Messieurs, ne se présentait-il pas sous les dehors de la bienfaisance ? Eh bien, Messieurs, quand on vous parle d'un acte quelconque de cette nature, êtes-vous toujours bien attentifs aux termes dans lesquels on vous en parle ? En pareil cas, ne vous occupez-vous pas plutôt du fond que de la forme, de la pensée que des mots, du but que des moyens? votre cœur naturellement généreux s'échauffe et votre tête s'exalte. Oui, messieurs, si un peu de légèreté, de négligence, d'abandon peuvent être quelquefois excusables, certes c'est bien lorsqu'il s'agit d'un acte de bienfaisance. Malheur à celui qui s'armerait de défiance contre cette vertu la plus douce qui honore l'humanité!

Enfin, Messieurs, si, ne nous reposant pas encore sur les nombreux moyens que nous croyons avoir fait jaillir du fond de cette cause, nous voulions recourir aux arrêts qui ont acquitté plusieurs éditeurs responsables de journaux de département, prévenus du même délit que celui sur lequel vous avez à prononcer, certes ils ne nous manqueraient pas. On vous l'a dit, sur certains points du royaume ce sont des magistrats qui ont décidé qu'il n'y avait pas même lieu à accusation ; sur d'autres ce sont les jurés qui ont absous les prévenus.

On prétend que ces arrêts ne doivent point dicter le vôtre? Je sais que c'est dans vos consciences que vous devez puiser votre décision ; mais, Messieurs, tout peut concourir à y porter la conviction, et il me semble que dans une affaire où les questions sont bien plutôt de droit que de fait, de spéculation que de réalité, l'unanimité des sentimens d'une cour et de quatre jurys mérite bien d'exercer quelque influence sur des esprits judicieux. N'y a-t-il pas déjà de quoi faire naître le doute? Et vous savez, Messieurs, comment la loi et l'humanité, d'accord sur ce point, nous prescrivent d'interpréter le doute à l'égard des accusés.

J'ajouterai d'ailleurs que je conçois difficilement que dans un même pays, chez un même peuple, sous l'empire des mêmes lois, une question soit interprétée uniformément sur cinq points du royaume, et qu'elle le soit différemment sur un sixième.

Cette pensée si connue de Pascal, *crime en deçà, vertu au delà*, serait-elle désormais applicable à notre France? Pascal désignait deux pays ennemis; se serait-il élevé parmi nous des barrières qui sépareraient la nation en deux peuples? Y aurait-il maintenant en France une telle variété de langage, que l'on appellerait *juste* à Lyon ce que l'on appellerait *injuste* à Orléans? Y aurait-il une telle différence de principes et de sentimens, que la chose considérée comme irrépréhensible au delà de la Loire serait réputée coupable en deçà?

Mais je le sens et je crois le lire dans vos regards, nous n'avons point besoin de stimuler votre justice par les exemples éclatans qu'ont donné Strasbourg, Lyon, Douai, Bourges, Bordeaux (11).

Oui, Messieurs, les éditeurs de journaux de département ont été unanimement acquittés, soit que MM. les jurés aient pensé, comme je suis entièrement porté à le croire, que l'écrit inculpé, répréhensible peut-être pour sa virulence, n'avait point cependant les caractères de criminalité définis par l'acte d'accusation;

Soit qu'ils aient pensé que l'autorité des noms et les fonctions des hommes sous les auspices desquels il avait été publié, avaient pu déterminer la confiance des éditeurs;

Soit enfin que n'ayant point assimilé la réimpression à la publication première, cette circonstance ait enlevé à leurs yeux un dernier degré de consistance au délit.

Eh bien ! Messieurs, les éditeurs de journaux de département étaient loin d'être dans une situation aussi favorable que M. Foulon; car en répétant l'article dans leurs journaux quotidiens, immédiatement après la réception des journaux de Paris, ils ne pouvaient pas avoir, comme M. Foulon, la certitude que le gouvernement, au moment où ils réimprimaient, n'avait point dirigé de poursuites contre l'article. Ils ne pouvaient pas savoir, comme M. Foulon, que le bruit public attribuait cet article à des députés qui confirmaient ce bruit en ne réclamant pas contre l'insertion de leurs noms dans ce même article.

Fort de ces différences, tout à l'avantage de l'éditeur des *Lettres Normandes*, fort surtout de cet argument qui me paraît décisif dans la cause que *l'écrit du 30 mars ne provoquant à rien autre chose qu'à prendre part à une souscription qui a été reconnue non coupable, il ne peut y avoir par conséquent, dans l'article incriminé, de provocation à la désobéissance aux lois*, je pourrais borner ici ma tâche, et m'en remettre avec sécurité à votre décision ; mais souffrez, Messieurs, que je fasse aussi un appel aux sentimens que la nature a gravés de toute éternité dans vos cœurs ; souffrez que je vous éclaire sur le sort de l'homme qui paraît devant vous, et que je joigne aux moyens de sa cause quelques considérations sur sa personne.

_ Ah ! Messieurs, si je déroulais à vos yeux le douloureux tableau des désordres que ce long et déplorable procès a apportés dans sa fortune ; si je vous peignais les chagrins de famille, les accidens personnels qui, combinés à cette fâcheuse affaire, ont depuis six mois réuni tous les malheurs sur sa tête ; toutes les angoisses dans son cœur, il me serait facile d'attendrir le vôtre ; mais, Messieurs, jetons un voile sur le passé, et n'interrogeons que le présent et l'avenir : l'un et l'autre vous répondent également en sa faveur.

Vous savez, Messieurs, qu'il a abandonné la périlleuse carrière où il n'a trouvé que des écueils ; que, relégué à quarante lieues de Paris, il concourt à l'administration d'une fabrique importante. Est-ce au milieu de ces travaux utiles qu'il sera désormais dangereux à l'état ?

Lorsque vous prononcerez sur son sort, vous n'oublierez pas, Messieurs, que dans ce mémorable procès il était le plus jeune des prévenus. Lors des premiers débats on n'a pas fait valoir sans succès les soixante-treize ans d'un des accusés. Eh bien, si l'on a eu des égards pour les cheveux blancs de la vieillesse, la jeunesse n'en peut-elle pas réclamer avec autant de raison pour son inexpérience ? Ajoutez encore, Messieurs, que le vieillard était millionnaire, et que le plus jeune accusé est maintenant sans aucune ressource (12). Non, Messieurs, vous n'oublierez point qu'il est époux et père ; et qu'à l'instant même, où j'ai l'honneur de parler devant vous, sa jeune et intéressante épouse, qui vient d'ajouter, je n'ose dire à son bonheur, en le rendant père pour la seconde fois, attend sur un lit de douleur, et dans l'anxiété la plus cruelle, l'arrêt qui va être rendu; vous n'oublierez point que votre décision peut ramener le calme dans ses sens, ou porter des ravages terribles jusqu'aux sources de la vie (13); vous songerez que le coup que vous porteriez ne s'arrêterait par sur la tête seule qui serait frappée, mais qu'il rejaillirait sur trois innocentes victimes. Oui, Messieurs, vous aurez présens à la pensée et cette jeune mère abîmée de souffrances et de douleurs, et ces deux enfans en bas âge, qui n'ont de salut que dans la liberté d'un époux, d'un père, et de ressource que dans le travail de ses mains (14).

NOTES.

(1) Je dois cette justice et ce témoignage public de reconnaissance à M. le président, qu'il m'a accordé sans aucune difficulté la permission de prendre la défense de M. Foulon, en me déclarant qu'il n'entrait nullement dans ses principes d'entraver la défense des accusés. Cependant je ne réclamais pas sans inquiétude ce privilége, dans une cause où l'on avait déjà donné l'exemple d'une interdiction à peu près semblable à celle que je redoutais. Cette circonstance a fourni un beau mouvement au jeune avocat, chargé de la défense de l'éditeur du *Constitutionnel*. « Messieurs, a dit M. Galisset, j'ai vu,
» dans cette même enceinte, des avocats de Paris venir
» développer, en faveur de scélérats prévenus des for-
» faits les plus atroces, les efforts infructueux des talens
» les plus distingués; j'ai vu le criminel auteur d'une
» machine infernale défendu par les orateurs les plus
» éloquens de la capitale : et aujourd'hui je cherche en
» vain le défenseur que l'éditeur du *Constitutionnel*
» avait appelé : M°. Berville est absent. »

(2). Ces avocats étaient, pour l'éditeur du *Constitutionnel*, M°. Galisset, dont nous venons de citer un beau trait oratoire; pour M. Gaubert, éditeur du *Courrier Français*, M°. Baudry, qui, dans une discussion en apparence familière, mais au fond pleine de logique et de profondeur, où il se supposait admis dans la chambre des jurés, pour décider avec eux les questions qui leur seraient soumises, a fait à chacune les réponses que semblaient dicter la justice et la raison ; enfin pour M. Bert, éditeur de l'*Indépendant*, M*. Légier, avocat très-distingué d'Orléans, qui par un concours touchant de circonstances, ainsi que l'a dit un journal, retrouvait dans M. Bert, après huit ans de séparation, un ami d'enfance, un client et un accusé.

(3) Cette maison est celle de M. Constant Duruflé, fabricant de draps à Elbeuf, dont les sentimens pour la famille des Bourbons ne sont certainement point problématiques ; mais M. Foulon, quoiqu'il eût marché dans les rangs de l'opposition, n'y a pas moins trouvé des cœurs compatissans : *Il est, entre les partis, une limite où la dissidence des opinions s'efface, et où l'humanité reprend ses droits ;* du moins à Elbeuf.

(4) L'assignation faite à M. Foulon, remise à son ancien domicile à Paris, ne lui est parvenue que très-peu de jours avant celui désigné pour comparaître. Cela tient à des circonstances particulières qu'il est inutile de rapporter ici ; mais ce sont ces circonstances qui m'ont mis dans la nécessité d'embrasser sa défense.

(5) Voici le tableau rapide de ces faits qu'il n'est pas inutile de rappeler pour l'intelligence de la défense.

Lorsque la loi du 26 mars eut été rendue, plusieurs pairs de France, cinquante députés, des généraux, des magistrats, des hommes de lettres, formèrent le projet de procurer, par le moyen d'une souscription, à ceux que cette loi pourrait atteindre, le petit nombre de secours et de consolations qui ne leur étaient pas interdits. Le 29 mars, les journaux annoncèrent ce projet.

Le 30, un article intitulé *Souscription nationale* et renfermant les noms des membres qui composaient le comité de cette souscription, fut publié par divers journaux.

Le 31, un second article, destiné à servir à la fois de prospectus et de circulaire, fut publié par les membres du comité désignés dans l'article de la veille. Ce second article ou ce prospectus offrait, outre quelque différence de rédaction, une autre particularité. Les noms des membres du comité désignés dans le corps du prospectus se trouvaient répétés au bas comme signatures.

Huit jours après environ, M. le juge d'instruction fit comparaître devant lui; 1°. les éditeurs responsables des journaux qui avaient publié le prospectus du 30 mars; 2°. les membres du comité de la souscription (*qui n'étaient pas députés*) pour les interroger sur l'article du 30 mars inséré dans les journaux, et sur le prospectus du 31 mars.

Le résultat de cette première instruction fut qu'il n'y avait pas lieu à poursuivre contre les membres du comité de la souscription auteurs du prospectus du 31 mars, mais qu'il y avait lieu contre les journalistes à la *mise en prévention,* qui peut être prononcée, comme on sait, à une seule voix.

Bientôt la chambre d'accusation, à laquelle fut adjointe la chambre des appels de police correctionnelle, réforma la première décision et renvoya également devant la cour d'assises de Paris,

1°. Les éditeurs responsables de journaux qui avaient publié l'article du 30 mars;

2°. Les membres *non députés* du comité de souscription, comme auteurs de l'écrit du 31 mars et comme complices de celui du 30.

— Les uns et les autres furent prévenus :

1°. D'attaque formelle contre l'autorité du roi et des chambres ;

2° De provocation à la désobéissance aux lois.

Après des débats, dont la célébrité est connue, le jury de la cour d'assises de Paris renvoya absous sur les deux chefs les membres du comité de la souscription mis en cause, car les députés qui avaient concouru aux mêmes faits avaient inutilement réclamé le même sort.

Quant aux éditeurs responsables, les jurés répondirent *négativement* sur la question d'attaque formelle à l'autorité constitutionnelle du roi et des chambres ; mais ils déclarèrent qu'il y avait eu par l'écrit du 30 mars provocation à la désobéissance aux lois.

Les quatre éditeurs responsables du *Constitutionnel*, de l'*Indépendant*, du *Courrier Français* et des *Lettres Normandes*, se pourvurent contre cet arrêt ; c'est par suite de la cassation, qu'ils en ont obtenue, qu'ils ont été renvoyés devant la cour d'assises d'Orléans.

(6). Je me trompais, au moins sur le sentiment unanime de M⁹⁸. les jurés, en concevant cette espérance, car *trois* voix ont décidé cette question contre tous les accusés ; il y en a même eu quatre de plus, qui l'ont décidée contre l'éditeur du *Constitutionnel* SEULEMENT. Si nous nous permettons cette observation, qui est uniquement de fait, que l'on ne croie pas que ce soit dans l'intention de manquer en rien au respect dû à la chose jugée. Certaines gens pourront peut-être dans cette affaire, éprouver au premier abord quelque embarras à concilier le respect dû à la décision du jury d'Orléans avec le respect dû à la décision du jury de Strasbourg ou de Douai ; mais avec un peu d'examen, rien n'est plus facile. Le respect dû à la chose jugée est un respect inviolable, mais de convention, et que la raison n'est point appelée à apprécier ; car la loi n'exige pas qu'une décision de jurés soit le résultat de la raison, mais celui de la conscience, qui a ses mystères.

Des jurés décideraient que *deux et deux font trois* que cela deviendrait une décision inattaquable, non pas en mathématiques, mais dans le fait même de la décision.

Voilà pour les scrupuleux, qui ne sauraient concilier leurs respects pour des décisions qui leur paraîtraient contradictoires ; quant aux philosophes qui aiment à sonder le fond des choses, *natura rerum*, s'ils veulent pénétrer les causes des *décisions de conscience* qui leur semblent dans leurs surprenans résultats, confondre tous les calculs de la raison humaine, la loi ne les empêchera point de les chercher dans l'ordre moral. C'est à eux de tâcher d'approfondir ce que c'est que la conscience, de s'assurer si elle existe seule, par elle-même, indépendamment des lumières de l'esprit et de la rectitude du jugement ; si c'est au contraire du concours de ces deux facultés que naît ce sentiment intime du bien et du mal, s'il acquiert plus d'étendue et de délicatesse à proportion que la raison et l'esprit sont plus cultivés ; c'est à eux de nous dire ce qui éclaire la conscience, ce qui l'aveugle ; si elle existe réellement sans le silence absolu des passions ou de l'esprit de système ; pourquoi elle inspire à l'un le contraire de ce qu'elle inspire à l'autre, et pourquoi tous sont en paix avec eux-mêmes quand ils croient avoir jugé en conscience.

Ces recherches d'une philosophie purement abstraite n'attaqueraient en rien les *décisions de conscience pas-sées* ; mais elles pourraient avoir quelque influence sur les *décisions de conscience à venir* ; et en cela elles ne seraient peut-être pas sans utilité.

(7) Voici le texte de l'article inculpé.

Souscription nationale , en faveur des citoyens qui seront victimes de la mesure d'exception sur la liberté individuelle.

« L'arbitraire, revêtu de la forme de loi, ne prescrit point contre les lois éternelles que Dieu a gravées dans tous les cœurs. Les droits les plus légitimes, les plus sacrés , les plus inhérens à la nature ; les droits qui ont précédé toutes les sociétés, qui président à leur exis-tence, et qui ne peuvent jamais être ni abolis ni sus-pendus, sont ceux de la justice et de l'humanité.

» L'humanité et la justice sont évidemment méconnues dans les dispositions d'une mesure qui livre la liberté, la fortune, l'honneur, la réputation, la santé, la raison, et même la vie des citoyens à la merci de la politique, de la haine, de la vengeance, de la corruption, de la bassesse, de l'intérêt, de la peur, de tous les caprices, de toutes les passions de quelques individus principaux, et d'une foule d'agens et de fauteurs de l'arbitraire.

» La discussion la plus solennelle a consacré les véri-tés que nous venons d'exposer. Les dépositaires de l'au-torité sont venus leur donner une nouvelle force, en refusant,

» 1°. De faire mention, sur l'ordre en vertu duquel on arrête un suspect, du délit dont on le soupçonne ;

» 2°. De lui faire connaître à lui-même les causes de son arrestation;

» 3°. De lui donner un conseil pour l'aider dans sa défense, ni personne qui l'assiste, alors même qu'il ne saurait ni lire ni écrire;

» 4°. De s'engager à lui procurer une nourriture supportable;

» 5°. De permettre à aucun parent ou ami du suspect de s'enfermer avec lui pour le préserver du désespoir ou de la démence, suite trop fréquente du secret;

» 6°. De prévenir sa famille de son arrestation, si elle a lieu hors de son domicile; de sa mort s'il mourait en prison;

» 7°. D'encourir aucune responsabilité pour une arrestation dénuée de fondement;

» 8°. De publier aucune liste de suspects arrêtés; de rendre compte aux Chambres des arrestations;

» 9°. De s'expliquer sur la faculté qu'aura le ministère d'arrêter de nouveau un suspect deux heures après son élargissement, et de perpétuer ainsi sa détention;

» 10°. De laisser les journaux ouverts aux réclamations, bien que ces journaux le soient aux injures, aux calomnies et aux dénonciations.

» Ce déplorable régime sur la liberté individuelle, combiné avec l'irresponsabilité des ministres et la responsabilité illusoire de leurs agens, avec l'extinction de toute publicité, les restrictions qui menacent le droit de pétition, la censure qui atteint la tribune nationale elle-même, la ruine imminente du droit d'élection, les violations multipliées de la Charte, révèle un système complet d'arbitraire qui laisse la nation sans aucune garantie, et place chaque individu hors de la protection de la loi fondamentale de l'État.

» Lorsque le pouvoir, institué pour protéger, abjure malheureusement cette noble fonction, l'humanité ordonne à tous les membres d'un État libre de se réunir pour porter appui et consolation à l'opprimé.

» En conséquence, le projet de la présente souscription a été conçu pour offrir à chaque Français un moyen de venir au secours de ses compatriotes victimes de l'arbitraire, et d'être lui-même secouru par chacun d'eux. Tous sont donc également invités à prendre part à cette sorte d'assurance mutuelle qui est dans le caractère national et dans les vrais principes de la liberté.

» Il y aura à Paris un conseil central d'administration chargé de suivre auprès du ministère les réclamations des Français frappés par les mesures d'exception.

» Ce comité fera toutes les démarches nécessaires pour adoucir les rigeurs du régime exceptionnel envers les citoyens, et leur procurer, ainsi qu'à leurs familles, les secours de toute nature que leur situation réclamera, et qu'il sera possible de leur donner.

» Le comité sera composé de MM. Lafitte, Casimir Périer, Lafayette, d'Argenson, Kératry, députés, Joly (de Saint-Quentin), manufacturier; Gévaudan, administrateur des messageries; Odillon-Barrot, avocat à la cour de cassation; Pajol, lieutenant général; Étienne, homme de lettres; Mérilhou, avocat à la cour royale, etc., etc.

» Il entretiendra une correspondance active et suivie dans tous les départemens de la France, à l'effet d'obtenir tous les renseignemens nécessaires pour atteindre d'une manière prompte et efficace le but que se proposent les souscripteurs.

» Le comité recevra le produit des sommes versées à Paris et dans les départemens.

» Il en disposera selon les besoins et d'après l'avis d'un conseil particulier établi à Paris et dans chacun des départemens, et dont les membres seront choisis parmi les souscripteurs.

» Toutes les fois qu'il y aura lieu, le comité publiera un compte rendu de sa gestion, avec indication de l'emploi des fonds.

» Les députés qui se réunissent chez M. Lafitte ont nommé aujourd'hui, à l'unanimité, les cinq commissaires qui font partie du conseil. On souscrit au bureau de toutes les feuilles constitutionnelles. Demain on fera connaître les nouveaux bureaux de souscription qui seront ouverts. »

(8) Ces deux citations avaient été faites dans les brillans plaidoyers prononcés devant la cour d'assises de Paris ; mais on les avait faites isolément. Il m'a semblé qu'elles auraient un effet bien plus puissant, en les rapprochant des deux paragraphes de l'article où les mêmes pensées sont, en quelque sorte, reproduites. On eût mis ces deux citations en tête du prospectus, il eût été inattaquable aux yeux de la loi, et il aurait acquis toute la force qu'il aurait empruntée de l'autorité de deux génies si sublimes.

(9) M. Galisset, après avoir prouvé jusqu'où la loi permettait de critiquer les lois, a cité plusieurs exemples tirés d'ouvrages très-récens. Il en est un qui a paru faire surtout une vive impression sur l'auditoire ; c'est

celui qu'il a pris dans l'ouvrage d'un jurisconsulte d'Orléans même. Cet ancien magistrat, qui doit bien connaître les jurys, s'élève avec autant de force que de raison contre le pouvoir que la loi accorde aux préfets de composer arbitrairement la liste des jurés, ce qui peut donner à l'autorité, quand il lui plaît, la faculté d'ériger en commission, en cour spéciale, une réunion d'hommes faite au contraire pour protéger et garantir les intérêts des accusés.

(10) Le lecteur pourra achever lui-même ce parallèle voici le texte de l'écrit du 31 mars :

« Une loi d'exception a mis la personne de tous les Français à la discrétion de trois ministres. Il est impossible que, pour l'application de cette loi, et surtout dans les départemens, ces ministres ne s'en reposent sur des subalternes. Les citoyens sont donc inévitablement exposés aux effets des haines particulières, du zèle excessif et peu éclairé, et de dénonciations mensongères ou précipitées. Ces inconvéniens sont inséparables de toute législation arbitraire.

» Cette loi, en armant les ministres d'un pouvoir immense et de rigueurs inconnues dans notre droit public, a créé une classe nouvelle d'infortunés, d'autant plus dignes d'intérêt qu'ils peuvent êtres victimes d'inimitiés puissantes, et qu'aucune ressource légale n'assure pour eux, dans un avenir même éloigné, la manifestation de leur innocence.

» Personne, disait Malesherbes au nom de la cour des aides, personne n'est assez grand pour échapper à la vengeance d'un ministre, ou assez petit pour se dérober à l'inimitié d'un commis.

» La discussion de la Chambre des députés a constaté

que le système des emprisonnemens, qu'on veut introduire, soumet de simples suspects à des privations que
nos lois épargnent aux individus accusés régulièrement
de crimes capitaux, et même à ceux que la justice a
frappés des condamnations les plus graves. Les secours
d'un défenseur, les soins de la famille, les consolations
de la religion peuvent leur être refusés.

» Chez une nation généreuse où jamais l'infortune ne
resta sans soulagement, il était impossible que cette
nouvelle classe de malheureux ne trouvât pas des mains
compatissantes pour essuyer leurs larmes. En face des
tristes monumens de 1815, les citoyens ne pouvaient
pousser l'imprévoyance jusqu'à négliger de s'assurer des
ressources contre un genre d'affliction dont on n'est
garanti ni par la gloire, ni par l'obscurité, ni par le
sexe, ni par l'âge, ni même par aucune opinion politique, quelle qu'elle puisse être; car on a vu gémir dans
les mêmes cachots, sous des cruautés uniformes, et
en même temps, les partisans des doctrines les plus
opposées.

» Aussi, à l'apparition de cette loi, une foule de
citoyens de tous les rangs se sont portés chez la plupart
des officiers publics, les banquiers, les notaires, dans les
bureaux des journaux, pour y déposer des fonds qui
servissent de ressources aux détenus, et exprimer le
vœu d'une souscription qui en régularisât l'usage.

» Jusqu'ici l'autorité publique a toujours vu avec intérêt, souvent même encouragé les souscriptions destinées à alléger les maux dont gémit l'humanité.

» Il en existe dans toute la France pour procurer des
secours aux prisonniers atteints suivant les formes légales, et même aux condamnés. La souscription qui pro-

cure des secours aux suspects, n'est pas plus contraire à la loi qui emprisonne les suspects, que la société pour l'amélioration des prisons ou le soulagement des condamnés n'est contraire au Code pénal.

» Les souscripteurs, ne pouvant, à cause de leur nombre, s'assembler pour répartir des secours aux infortunés qu'ils veulent soulager, ont donné leur confiance à un certain nombre d'entre eux, qui ont consenti à se charger de cet acte de bienfaisance.

» Les distributions arrêtées par les mandataires seront soumises de temps à autre aux souscripteurs.

» Ceux-ci auront la faculté de garder l'anonyme, ou de consigner leurs noms sur les registres ; on pourra souscrire, soit pour une somme une fois donnée, soit pour des paiemens à faire à des époques déterminées.

» L'offrande la plus modique sera reçue.

» Dans les trois mois qui suivront l'expiration de la durée des lois d'exception, les fonds qui se trouveront non employés seront rendus aux souscripteurs qui les réclameront, ou bien appliqués à des actes de bienfaisance ou d'utilité publique.

» Le conseil d'administration, informé, soit par les souscripteurs des départemens, soit par les parens ou amis des détenus, fera valoir auprès de l'autorité les réclamations des personnes atteintes par la loi, et fera distribuer à elles où à leurs familles les secours que leur position exigera.

» Tels sont les moyens par lesquels on a cru arriver aux résultats qu'on s'est proposé.

» Les soussignés, mandataires des premiers souscripteurs, espèrent que tous les amis de l'ordre et des lois, quelles que soient leurs opinions, se réuniront à eux, parce que l'arbitraire menace également toutes les opinions, et qu'il est de l'intérêt de tous de soulager les maux dont chacun à son tour peut se voir frappé.

» Paris, ce 31 mars 1820.

Signés, J. Lafitte, Lafayette, d'Argenson, Kératry, Manuel, Casimir Périer, etc., etc.

(11) C'est sur une fausse indication que j'ai cité Bordeaux. Bordeaux a condamné, dit-on; mais j'aurais pu remplacer Bordeaux par Valence qui a acquitté; le nombre des autorités serait resté le même. Que les noms de Bordeaux et d'Orléans soient donc réunis désormais dans cette affaire!

(12) Allusion au plaidoyer de M. Tripier pour M. Gévaudan. On ne nous fera pas l'injure de croire qu'elle ait pour but de reprocher à M. Gévaudan une fortune dont il sait faire un si noble usage. Nous n'avons voulu qu'indiquer une différence entre sa situation et celle de son co-accusé; son cœur généreux est plus qu'aucun autre digne de l'apprécier.

(13) Ce ne sont point ici de vaines phrases; c'est l'expression simple de la plus exacte vérité. Pendant que je recueillais à la hâte les élémens de cette défense, madame Foulon subissait pour la seconde fois au sein une opération cruelle.

(14) La réplique étendue et brillante que Me. Légier a faite à M. l'avocat général, m'a dispensé de reprendre la parole; j'aurais craint d'affaiblir les impressions qu'il avait laissées; mais j'avoue que j'ai eu quelque peine à ne pas répondre, même après lui, à la considération toute nouvelle dont M. l'avocat général avait cru devoir appuyer le système d'accusation. Ce moyen bien

fait pour surprendre dans la bouche d'un magistrat qui paraît remplir avec autant de modération que de justice les pénibles fonctions qui lui sont confiées ; ce moyen , que le ministère public employait peut-être pour la première fois , était puisé dans *la légèreté des peines* que les éditeurs responsables devaient encourir en cas de condamnation. « En effet, Messieurs , a dit » M. Russeau, de quoi s'agit-il ? De quelques mois de » prison , d'une amende pécuniaire. Le déshonneur ne » menace point la tête des accusés. » Singulier argument pour convaincre des jurés !

Ah! si M⁰. Légier n'eût pas déjà repoussé ce bizarre argument avec une ironie fine, j'eusse dit avec véhémence : « Eh depuis quand le ministère public peut-il chercher ailleurs que dans le fond de la cause des motifs de conviction pour les jurés ? Depuis quand la loi lui permet-elle de soulever le voile qu'elle a placé elle-même entre les jurés et la peine que doit entraîner leur décision ? Depuis quand, oubliant les égards dus au malheur, dus à l'accusé, se joue-t-on du châtiment quel qu'il soit qui le menace ? Il ne s'agit que de quelques mois de prison , dites-vous ! l'honneur n'en sera point atteint ! Eh ! quand vous parliez ainsi , aviez-vous déjà effacé de votre mémoire la douloureuse image de cette jeune épouse de l'accusé qui gémit en proie à tous les maux ? Songiez-vous qu'il est lui-même sans ressource, qu'il ne peut lui acheter des soins mercenaires ? Et d'ailleurs quels soins étrangers remplaceront jamais ceux d'un époux ? Il ne s'agit que de quelques mois de prison! mais je vous l'ai dit, sa jeune famille n'a que lui pour soutien ; que fera-t-elle pendant ces deux mois ? qui la nourrira ?

Je vous entends. L'amitié ne lui manquera pas ; mais votre humanité lui aura manqué. »

La décision du jury relativement à M. Foulon a été :

Sur la première question, est-il coupable d'attaque formelle contre l'autorité constitutionnelle du roi et des chambres ? — *Non* à la majorité de neuf voix contre trois.

Et sur la deuxième question, est-il coupable de provocation à la désobéissance aux lois ? — *Oui* à la majorité de sept voix contre cinq.

La cour s'étant réunie *unanimement* à la majorité du jury, M. Foulon a été déclaré coupable sur le second chef d'accusation, et condamné en conséquence à deux mois de prison et à deux mille francs d'amende.

Les membres de la cour étaient :

MM. de Champvallin, président, Girard, Meslier, de Costé, Darotte, conseillers.

Les membres du jury étaient :

MM. Rouzeau Monteau, le chevalier de Veslard, Favereau, Declinchamps, Prévot, le comte de Tristan, Patas d'Illiers, Lokard, Baguenault de Vieville, Louet de Minville, Fougeroux, Delâge de Meux.

www.ingramcontent.com/pod-product-compliance
Lightning Source LLC
Chambersburg PA
CBHW051142050726
47594CB00003B/1210